Direkt-Response Social Media Marketing

in Kapseln

Die Geheimnisse des legendären Dan S. Kennedy

INDEX

Einführung p. 5

Kap. 1 Auf der Suche nach etwas Besserem p. 7

Kap. 2 Social Media sind kein Marketing p. 13

Kap. 3 Direct Response von Kopf bis Fuß p. 19

Kap. 4 Dreht sich alles um dich? p. 27

Kap. 5 Was ist deine Nische? p. 31

Kap. 6 Wie man einen Lead Magnet erstellt p. 37

Kap. 7 Facebook Ads p. 39

Kap. 8 LinkedIn p. 41

Kap. 9 Email marketing p. 45

Kap. 10 Was posten p. 47

Kap. 11 Das große Geheimnis der sozialen Medien p. 49

Kap. 12 Den großen Coup landen p. 55

Kap. 13 Optimierung und Transformation p. 63

Kap. 14 Erweitern Sie Ihre Kundenliste p. 67

Kap. 15 Das Problem mit Trends p. 71

Kap. 16 Wie man Inhalte vervielfältigt p. 73

Anmerkungen p. 75

Einführung

Warum ich ein Buch über Social Media geschrieben habe und warum du es lesen solltest

Von Dan Kennedy

Jeder redet darüber, aber keiner weiß, wovon er spricht. Ich mag Social Media nicht, ja, ich betrachte sie in gewisser Weise als destruktiv für die Gesellschaft. Ich sehe Unternehmen, die Geld und Zeit verschwenden, nur um sinnlosen Traffic zu generieren, ohne wirtschaftlich relevante Ergebnisse zu erzielen.

Trotzdem besitze ich Aktien eines Tabakunternehmens, also scheue ich mich nicht, von Dingen zu profitieren, die ich als gesellschaftlichen Krebs betrachte.

Ich kenne auch intelligente Menschen, die Social Media nutzen, um Lead-Generierung zu betreiben und dabei ziemlich erfolgreich verkaufen.

Ich warne dich, wenn du dich entscheidest, in die Welt der sozialen Medien einzutauchen, mach es nicht wie die anderen. 99 % der Unternehmen, die

Social Media nutzen, machen alles falsch.

Deine beste Waffe ist, dich auf den Gewinn zu konzentrieren. Es ist mir passiert, dass ich an einem Tisch saß, während der Manager eines kleinen Unternehmens vorschlug, die Facebook-Strategie eines großen multinationalen Konzerns (übrigens in einem anderen Sektor) zu kopieren, ohne auch nur den geringsten Beweis für die durch diese Strategie erzielten Gewinne zu haben. Unglaublicherweise nahmen die anderen ihn ernst, sie hätten ihn lebendig verbrennen sollen.

Die Co-Autorin dieses Buches, Kim Walsh Phillips, ist ein positives Beispiel für Social-Media-Strategie, sowohl für ihr eigenes Geschäft als auch für das ihrer Kunden, die ich persönlich kenne.

Deshalb habe ich mich entschieden, ein Buch mit ihr zu schreiben: Sie nutzt die Prinzipien des Direct Response Marketings, um konkrete Ergebnisse in der Welt der sozialen Medien zu erzielen.

Das allein sollte dein Standard sein.

No BS Takeaways

- Deine beste Verteidigung ist, dich auf den Gewinn zu konzentrieren;
- Lass die Gewinne die wahren Messparameter der Ergebnisse sein;
- Social Media Marketing muss den gleichen Regeln folgen wie andere Marketingaktivitäten.

Kapitel 1

Auf der Suche nach etwas Besserem

Wie man den Gewinn findet

Von Dan Kennedy

Du kannst es dir nicht leisten, den Unsinn der „neuen Metriken" zu glauben, den dir die Social-Media-Promoter und große, realitätsferne Unternehmen verkaufen wollen.

Wenn du dieses Spiel spielen willst, sorge dafür, dass es dir echtes Geld einbringt. Wir sind alle im Geschäft, um Geld zu verdienen; Likes, Ansichten usw. sind uns egal.

Die Wahrheit ist, dass die meisten, die im Geschäft sind, um Geld zu verdienen, scheitern.

Nur 1 % wird reich und nur 4 % erreichen durch Unternehmertum eine signifikante finanzielle Unabhängigkeit. Die anderen 95 % geraten oft in finanzielle Schwierigkeiten.

Der Hauptgrund ist, dass die Menschen falschem Optimismus den Vorzug vor genauem Denken geben; sie sind schwach und lassen sich von Kollegen,

Kunden und Familienmitgliedern beeinflussen, anstatt über die Gewinne jedes Investments nachzudenken.

Social Media hat auch ein anderes Problem: Ihre Eigentümer hassen Direct Response Marketing. Sie wollen nicht, dass der Return on Investment gemessen wird. Sie bevorzugen große Unternehmen, die fröhlich für Werbung ausgeben, ohne Fragen über deren Wirksamkeit zu stellen (brand awareness).

Als ob das nicht genug wäre, ändern Plattformen wie Facebook ständig ihre Richtlinien mit Verboten und Einschränkungen, die Unternehmen zwingen, ihre Werbebotschaften zu kastrieren und deren Wirksamkeit zu reduzieren.

Meine 2 Anweisungen

In den sozialen Medien (und online im Allgemeinen) kann ein Fehler dich teuer zu stehen kommen. Auch wenn du nicht in die nationalen Nachrichten kommst, verbreiten sich schlechte Nachrichten schnell. Je präsenter du bist, desto mehr setzt du dich diesem sozialen Terrorismus aus: negative Bewertungen, Angriffe, Beschwerden usw.

Ein weiterer Fehler, den du vermeiden solltest, ist, dich nicht ausschließlich auf Social Media zu verlassen. Egal wie viele Accounts du besitzt, alles läuft auf eine einzige Quelle hinaus. Eins ist die gefährlichste Zahl für ein Geschäft; stelle sicher, dass du dich auch auf andere Akquisitionssysteme verlässt.

Mein Kunde Chris Cardell nutzt Facebook profitabel, aber er nutzt auch E-Mail, Pay-per-Click, Post, Radio, TV und Zeitungen. Wenn Facebook beschließt, ihn zu blockieren, wird er keine Probleme haben, sein Geschäft weiterzuführen.

Wenn also mehr als 20 % deiner Kunden über Social Media gewonnen werden, bist du ernsthaft gefährdet.

Fordere immer angemessene Antworten. Eine Umfrage von USA Today hat ergeben:

- dass 61 % der kleinen Unternehmen keinen Return on Investment in den sozialen Medien nachweisen können.
- Trotzdem geben 50 % der gleichen Unternehmen an, mehr Zeit und Ressourcen in soziale Medien investieren zu wollen.
- Nur 7 % haben sich entschieden, die Kosten zu senken.

Der CEO einer Social-Media-Marketing-Agentur besteht darauf, dass diese 7 % sich irren, weil „es nicht stimmt, dass sie keinen Return on Investment haben, sie wissen einfach nicht, wie man ihn sieht oder quantifiziert!"

Wenn du gerne als Idiot bezeichnet wirst, wirst du diesen Typen lieben!

Denke daran, du bist nicht im Geschäft für Smalltalk oder Sichtbarkeit, du bist im Geschäft, um Dinge zu verkaufen!

Vom verzweifelten Bedürfnis zum Erfolg

Von Kim Walsh Phillips

Seit ich ein Fan von Dan Kennedy geworden bin, habe ich ein Schild in meinem Büro:

„Wir vertrauen nur Gott, alle anderen bringen Daten mit."

Vor Jahren hatte ich eine klassische Marketingagentur, die auf Branding und Öffentlichkeitsarbeit basierte, und ich verstand nichts vom Verkauf.

Wir waren gut darin, schöne Logos und ansprechende Grafiken zu erstellen, aber wir boten nichts Messbares an.

Es war extrem schwer für mich, Kunden zu gewinnen, nur um sie beim Vertragsabschluss wieder zu verlieren.

Dann entdeckte ich das Buch von Dan Kennedy, „Direct Marketing für traditionelle Unternehmen". Von da an änderte sich alles.

Seitdem habe ich beschlossen, nie wieder etwas zu tun, was mir keine konkreten Ergebnisse bringt. Du solltest dasselbe tun.

No BS Takeaways

- Beantworte die Frage: „Warum sollte sich der potenzielle Kunde für dich und nicht für die

Konkurrenz entscheiden?";

- Kontrolliere immer die Ergebnisse der sozialen Medien;
- Wir vertrauen nur Gott, alle anderen bringen Daten mit;
- Wenn es mir keine Ergebnisse bringt, mache ich es nicht.

Kapitel 2

Social Media sind kein Marketing

Medien vs. Marketing

Von Dan Kennedy

Im Jahr 2012 wurde Michael Phelps der am meisten dekorierte Athlet aller Zeiten. Doch einige Jahre zuvor lief es nicht gut für ihn. Nach den Olympischen Spielen 2008 begann er, nachzulassen. Er hörte auf, die Dinge zu tun, die ihn zum Sieg geführt hatten, wie täglich ins Schwimmbad zu gehen. Bis er 2011 von Ryan Lochte geschlagen wurde. In diesem Moment kehrte Phelps zu den Grundlagen zurück, um wieder zu gewinnen.

Das zeigt, wie wichtig es ist, die Grundlagen niemals zu vergessen, auch wenn sich die Dinge um dich herum ändern; das gilt auch für das Marketing.

Das Internet ist nicht so besonders, wie viele denken, und das Wort Medien ist nicht gleichzusetzen mit Marketing.

Das grundlegende Prinzip meines Marketingansatzes, unabhängig vom verwendeten Medium, lautet:

Stellen wir sicher, dass wir mit den richtigen Menschen sprechen, den potenziellen Kunden, die wirklich an unseren Produkten oder Dienstleistungen interessiert sind. Tue alles, um ihnen zu verkaufen, und sorge dich weniger um die Anzahl der Zeichen oder die Länge des Videos.

Jeder denkt, dass sein Geschäft anders ist, dass diese Prinzipien nicht auf seine Situation anwendbar sind oder dass, weil niemand in seinem Bereich eine bestimmte Sache tut, es nicht funktionieren kann.

Es spielt keine Rolle, ob dein Kunde der CEO oder der Hausmeister ist, es spielt keine Rolle, welches Medium du verwendest, alle kaufen auf die gleiche Weise, durch denselben Prozess und denselben emotionalen Weg.

Die Grundlagen des erfolgreichen Marketings

Es gibt nur wenige einfache Regeln zu befolgen, und doch befolgt die Mehrheit der Unternehmen, die soziale Medien nutzen, sie nicht. Schauen wir sie uns an:

1. Es muss immer ein Angebot geben, das man nicht ablehnen kann. Dein Marketing in den sozialen Medien muss immer ein Angebot haben, das erklärt, was sie tun müssen und warum sie es gerade jetzt tun müssen. Es muss unwiderstehlich sein und zeitlich begrenzt.

2. Es muss immer einen Grund geben, sofort zu

reagieren. Menschen neigen dazu, alles aufzuschieben, das Problem ist, dass sie es dann vergessen. Dein Ziel ist es, sie dazu zu bringen, sofort zu handeln.

3. Du musst klare Anweisungen geben. Von klein auf lernen wir, Anweisungen zu folgen, nutze das aus. Viele Menschen kaufen nicht, weil sie verwirrt sind und nicht wissen, was als nächstes passiert. Erkläre genau jeden Schritt des Prozesses und fordere sie auf, konkrete Handlungen zur Kaufabwicklung vorzunehmen.

4. Messe die Daten. Akzeptiere keine nutzlosen Daten (vanity metrics), sondern nur konkrete Daten, die den Gewinn messen.

5. Folge immer nach. Wenn du in Werbung investierst, zahlst du nicht nur für diejenigen, die zu Kunden werden, sondern auch für alle anderen, die lesen, sich registrieren, Informationen anfordern usw. Erfasse die Daten von allen und kontaktiere sie erneut, um deine Ergebnisse zu maximieren. Immer.

6. Die Ergebnisse zählen. Wenn ich jemanden bezahle, um mein Auto zu reinigen, erwarte ich, dass es sauber und wohlriechend ist. Wenn ich jemanden bezahle, um mein Geschäft zu fördern, erwarte ich mehr Kunden und mehr Gewinn. Punkt.

Offenbarungsmomente

Von Kim Walsh Phillips

Nachdem ich mein erstes Buch von Dan gelesen hatte, verstand ich, warum das, was ich bis dahin gemacht hatte, nicht funktionierte.

Ich erkannte, welche Aspekte ich sofort ändern musste:

1. Positionierung. Es ist dein Platz auf dem Markt. Du musst der Experte in deinem Fachgebiet werden, sonst wirst du immer den Preiskampf führen. Also wurde ich die führende Expertin im Direct Response auf Social Media.

2. Preise. Der billigste zu sein, ist keine langfristige Strategie. Schrittweise begann ich, die Preise für neue Kunden zu erhöhen, bis ich sie auch für Stammkunden erhöhen konnte. Einige gingen, während andere blieben, weil sie trotzdem eine gute Rendite auf ihre Investition hatten. Ich ging von monatlichen Verträgen über 350 $ zu 3500 $ pro Monat, als ich die Agentur verkaufte.

3. Zielgruppe. Meine Kunden waren bis zu diesem Zeitpunkt im Umkreis von 5 Meilen von meinem Büro und viele von ihnen konnten sich nicht leisten, mir das zu zahlen, was ich brauchte, um konkrete Ergebnisse zu erzielen. Ich musste mich erweitern, um die besten Kunden über die Medien zu erreichen.

4. Medien. Bis dahin beschränkte ich mich auf

die Lead-Generierung in Person, nicht über Medien. Ich musste schnell skalieren. Ich begann auf LinkedIn und kam dann auch zu Facebook, Twitter und Google+.

Natürlich hatte ich kein Geld, um in soziale Medien zu investieren, und wenig Zeit. Ich begann, eine wöchentliche E-Mail zu schreiben, sie auf meinem Blog zu veröffentlichen und auch in meinen Social Media Posts zu bewerben. Ich versuchte, etwas kontrovers und provokant zu sein, um mich in einer so überfüllten Welt abzuheben. Ich konzentrierte mich darauf, nur mit denen zu arbeiten, die greifbare und messbare Ergebnisse erzielen wollten. Diejenigen, die „Branding" machen wollten, waren nicht mehr meine Zielgruppe.

Die Ergebnisse

Jetzt begannen die Menschen, zu mir zu kommen, weil ich die Expertin für Social Media mit hohem ROI (Return on Investment) war. Ich nutzte die gleichen Strategien in den Unternehmen meiner Kunden und es funktionierte auch dort. Beim Vertragsabschluss erhöhten die Kunden das Budget, anstatt abzubrechen.

Ich begann, alle Direct-Response-Strategien in sozialen Medien zu testen und ging von einer Mailingliste mit 1.200 Kontakten auf über 21.000 in nur einem Jahr, hauptsächlich durch Facebook-Lead-Generierung.

Der Gewinn der Agentur stieg in diesem Zeitraum um 327%.

No BS Takeaways

- Auf Social Media gelten die gleichen Regeln, die in jedem anderen Medium Ergebnisse bringen;

- Mache dein Marketinginvestitionen wertvoller, indem du den Menschen mehr Gründe gibst, sich an dich zu wenden, und mehr Wege, dies zu tun;

- Sage deinem potenziellen Kunden genau, was er tun soll und warum er es jetzt tun soll;

- Gehe über das Minimum hinaus, das alle tun, mache einen zusätzlichen Aufwand und habe weniger Konkurrenz;

- Arbeite besser, nicht nur mehr.

Kapitel 3

Direct Response von Kopf bis Fuß

Die 6 Direct-Response-Prinzipien für Social Media

Von Kim Walsh Phillips

1. Einen Verkaufsplan von Anfang an haben

Niemand möchte auf Social Media wie ein Gebrauchtwagenhändler wirken, aber du musst deinen Interessenten immer die Möglichkeit geben, sich mit dir zu verbinden und Geschäfte zu machen. Wenn du das nicht tust, verschwendest du nur Zeit und Geld.

2. Arten von Angeboten

Lead-Generierung. Ein Anreiz, um deine Interessenten dazu zu bringen, ihre Daten zu hinterlassen; biete etwas an, wofür sie normalerweise bezahlen würden, aber du gibst es kostenlos.

Verkauf. Es ist möglich, direkt an ein kaltes Publikum auf Social Media zu verkaufen. Wir tun dies auf Twitter, Facebook, LinkedIn und Instagram. Der Schlüssel ist, etwas Besonderes im Vergleich zu deinem üblichen Angebot offline oder auf anderen Plattformen zu bieten.

3. Kein Aufschub erlauben

Deine Angebote sollten frisch, neu und mit klaren Fristen versehen sein. Gib immer eine Frist und Anreize, um sofort zu handeln.

4. Klare Anweisungen geben

Gehe auf die Website, fülle das Formular aus, klicke hier, um anzurufen, usw. Je klarer du bist, desto höher werden die Konversionen sein.

5. Daten messen

Nutze die Tracking-Optionen in den Werbekonten der einzelnen Plattformen. Achte weniger auf Likes und Follower, sondern mehr auf Konversionen, CTR (Click-through-Rate) und andere nützliche Metriken, um die Effektivität deiner Inhalte zu verstehen.

6. Branding ist eine Folge des Direct Response

Es wird oft gesagt, dass man 85 % nützliche Inhalte und nur 15 % Verkaufsinhalte erstellen sollte, aber ich sehe das anders. Alle Inhalte sollten das Ziel haben zu verkaufen, indem sie das Interesse und den Bedarf an der Lösung des Problems, das du mit deinen Produkten oder Dienstleistungen angehst, wecken und fördern.

Die Bedeutung der Unique Selling Proposition (USP)

Von Dan Kennedy

Laut einer Studie, die von USA Today veröffentlicht wurde, haben die kreativen Slogans großer Unternehmen einen viel geringeren Einfluss, als die Werbetreibenden glauben. Die Verbraucher erinnern sich nämlich fast nie an den Markennamen, der mit einem bestimmten Slogan verbunden ist. Nur in einem Fall erkannte 64 % der Befragten den Slogan von Walmart.

Hier sind einige der Erklärungen der betroffenen Werbetreibenden:

1. Es braucht Zeit, um eine Markenidentität aufzubauen. Wir verwenden diesen Slogan „NUR" seit ein paar Jahren!

2. Sie haben es nicht erkannt, weil es nur ein Übergangsslogan ist; wir bewegen uns in Richtung einer anderen Markenidentität. (Ich

weiß nicht, was das bedeuten soll!)

Ist ein Slogan eine Marke? Oder eine USP?

Nein, ein Slogan ist keine Marke. Das Personal Branding, das ich meinen Schülern beibringe, umfasst mehr als einen Slogan und ist oft stärker auf einen Markt bezogen. Viele der von Agenturen erstellten Slogans sind schön, aber nutzlos.

Ein Slogan ist keine USP, auch wenn er damit übereinstimmen kann. Der von Walmart ist einer der wenigen, die Sinn machen: „Immer niedrige Preise" und er stimmt mit ihrer USP überein, weil er die entscheidende Frage beantwortet: „Warum sollte ich bei dir und nicht bei deinen Wettbewerbern kaufen?"

Ebenso ist die Aussage zu allgemein, also sei sehr vorsichtig: Wenn deine USP von jedem genutzt werden kann, ist sie keine echte USP.

Leider gibt es viel Dummheit in den Agenturen, die sich mit Branding beschäftigen, und in großen multinationalen Unternehmen. Sei vorsichtig, nicht dein Budget mit großen Investitionen in Imagewerbung zu verschwenden, da sie sich nie in Gewinn umwandeln wird.

Hier sind einige meiner Vorschläge zur Markenidentität:

1. Arbeite an einem Namen und einer Identität, die nur für deinen idealen Kunden und in deinem Zielmarkt attraktiv sind. Du kannst

nicht alle ansprechen.

2. Die Marke sollte immer eine Folge des Direct Response sein und parallel zu den Verkäufen entstehen, nicht auf deren Kosten.

3. Verwechsle die „Markenidentität" nicht mit Logo, Slogan, Schriftarten und Farben. Zuerst braucht man die richtigen Ideen und dann denkt man darüber nach, sie grafisch darzustellen.

4. Schaffe neben der Identität eine „Kultur der Zugehörigkeit". Denke an Starbucks oder Disney: Ihre Kunden sind Teil einer parallelen Welt, keine einfachen Käufer. Lerne von den Klügsten, aber erinnere dich daran, dass du andere Ziele hast als sie. Sie haben Ressourcen, die du nicht hast.

5. Für kleine Unternehmen ist Personal Branding wichtiger, weil die Menschen eher dazu neigen, Geschäfte mit anderen Menschen zu machen.

6. Kurz gesagt: Wer sind deine Kunden? Wofür möchtest du erkannt werden und von wem? Wie kannst du all das auf eine einprägsame Weise darstellen?

Wenn dich das Thema Branding interessiert, habe ich ein Buch mit dem Titel: „Ein Brand mit Direct Response aufbauen" geschrieben.

Die richtige USP in Kombination mit dem richtigen Angebot, am richtigen Ort und zur richtigen Zeit, ist das Wichtigste, um in jedem Bereich aufzufallen.

Um dies zu erreichen, beantworte diese Fragen:

- Was ist einzigartig an meinem Produkt?
- Was ist einzigartig an der Art und Weise, wie ich es liefere/produziere?
- Was ist einzigartig an meinem Service?
- Welche Normen kann ich brechen oder umgehen?
- Was ist einzigartig an meiner Persönlichkeit?
- Was ist meine Geschichte?
- Wer sind meine Feinde?
- Was sind die Merkmale meiner besten Kunden?

No BS Takeaways

- Viele Marketer wenden keine Direct-Marketing-Taktiken an.
- Es ist möglich, kalten Traffic auf Social Media zu verkaufen.
- Auch wenn du deine Angebote auf Social Media automatisieren kannst, ist es nie eine gute Idee, sie zu lange ohne Veränderung laufen zu lassen.
- Wie kannst du den ROI deiner Social Media kennen, wenn du die Daten nicht misst?
- Alle Inhalte, die du auf Social Media

veröffentlichst, sollten das Ziel haben zu verkaufen, nicht zu branden.

Kapitel 4

Dreht sich alles um dich? Oder doch nicht?

Die mächtigste Marketingtaktik

Von Dan Kennedy

Ein altes Geheimnis der Copywriter ist es, in den mentalen Dialog deines Prospects einzutreten. Eine der besten Möglichkeiten, dies zu tun, ist, stets über aktuelle Trends und Interessen informiert zu sein.

Eine wissenschaftliche Methode dafür ist die Analyse der am häufigsten gesuchten Keywords auf Google, die oft die Namen aktueller Prominenter enthalten.

Jeder möchte alles über VIPs wissen und oft, unerklärlicherweise, wird Berühmtheit mit Glaubwürdigkeit verwechselt. Gute Nachrichten für schlaue Marketer.

Wenn du lokal Geschäfte machst, ist es sehr einfach, eine Berühmtheit zu werden. Wenn du es national machst, aber in einer kleinen Nische, ist es immer noch ziemlich einfach. Schreibe Bücher und Artikel, spreche auf Veranstaltungen, sei in den sozialen

Medien präsent, lasse dich im Radio und Fernsehen interviewen. Veröffentliche natürlich alles auf deiner Website. Wenn du berühmt bist, werden die Leute Schlange stehen, um mit dir Geschäfte zu machen, um eine privilegierte Beziehung zu haben.

Wie man seine eigene Berühmtheit schafft und warum

Von Kim Walsh Phillips

Heute ist es nicht mehr notwendig, auf der Titelseite der New York Times zu erscheinen, um berühmt zu werden. Du kannst das auch durch einfache Markenpositionierung erreichen, indem du zur Autorität in deinem Bereich wirst. Dies hilft dir, mehr zielgerichtete Prospects anzuziehen, sie schneller zu überzeugen und mehr Geld von jedem Kunden zu verdienen.

Werde eine Berühmtheit, indem du Facebook nutzt, um den Umsatz zu steigern

Ein Publikum aufzubauen und eine Beziehung zu entwickeln, ist das Wichtigste für dein Geschäft. Die Kundenliste ist die einzige Versicherung für die Zukunft deines Unternehmens, du musst sie so schnell wie möglich erstellen.

Hier sind die Schritte, um ein VIP in deinem Bereich

zu werden:

1. Verwende ein professionelles Profilfoto, das die beste Version von dir zeigt (ordentliches Haar, Make-up ...). Ein Selfie vermittelt keine Autorität.

2. Dasselbe gilt für die Fotos und Grafiken, die du in deinen Posts verwendest. Wenn du es nicht selbst kannst, nimm einen Profi, es lohnt sich.

3. Schreibe Inhalte „vom Experten". Verbringe einen halben Tag im Monat damit, Inhalte für den gesamten Monat zu erstellen. Wähle ein Thema für den Monat und schreibe 4 Blogartikel, um deine These zu unterstützen. Zuerst wähle deine Verkaufsziele, dann wähle ein Thema für den Monat, das deine Verkaufsziele unterstützt, und dann wähle 4 Unterthemen, die du vertiefen und in entsprechenden Artikeln und Newslettern ausarbeiten kannst.

4. Verbreite das Wort. Schreibe für jeden Artikel/Newsletter einen speziellen Social-Media-Post und nutze sie als Themen für eine Live-Session in den sozialen Medien.

5. Umgib dich mit fähigen Leuten. Du kannst nicht alles alleine machen, finde jemanden, der dir helfen kann, es gibt inzwischen Freelancer für fast alles.

No BS Takeaways

- Nutze die Tracking-Optionen, die die sozialen Medien in den Insights bereitstellen;

- Der Slogan ist keine USP;

- Ein riesiger Markt ist nur für diejenigen nützlich, die ein riesiges Budget haben;

- Du kannst dein Produkt/Service immer aktualisieren, aber du kannst nicht in der Zeit zurückgehen und ein Publikum aufbauen. Mache es so schnell wie möglich!

Kapitel 5

Was ist deine Nische?

Nischenmarketing

Von Dan Kennedy

James Perez-Foster verließ nach einem Streit mit seinem Chef Bainbridge Advisors, um sich auf den hispanischen Markt zu konzentrieren. Er erkannte in diesem Sektor eine lukrative Gelegenheit und entschied sich, seine gesamte Aufmerksamkeit darauf zu richten.

Er gründete die Solera National Bank, die den Hispanics in Colorado dient.

Laut einer Studie von ShareThis sind Hispanics in den USA:

- 5-mal eher bereit, Inhalte zu teilen;
- 2-mal eher bereit, auf geteilte Inhalte zu klicken;
- 2-mal eher bereit, das geteilte Produkt zu kaufen;
- 4-mal treuer gegenüber der Marke.

Die Nische der Nische

Wenn du bereits eine Nische gewählt hast, kannst du dich weiter spezialisieren und eine noch kleinere Nische schaffen. Um deine einzigartige Nische zu finden, beantworte diese Fragen:

1. Wer ist die ideale Person, die du erreichen möchtest? Lerne sie kennen und studiere ihr Verhalten.

2. Warum ist das wichtig? Warum tust du das?

3. Welche Bedürfnisse erfüllst du? Was will der Kunde von dir und welches Problem löst du?

Werde ein Magnet für deine Kunden

Von Kim Walsh Phillips

Der einzige sinnvolle Ansatz für erfolgreiche Social-Media-Kampagnen ist das, was ich MOM nenne:

- M für Magnet: Dies ist das, was die Aufmerksamkeit deines Kunden auf sich zieht.

- O für Opt-in: Der Social-Media-Traffic ist unvorhersehbar, daher musst du ihn in Kontaktinformationen umwandeln, die dir gehören – deine Kundenliste.

- M für Monetisieren: Sobald du die Liste hast, kannst du deinen Prospects deine Produkte oder Dienstleistungen verkaufen.

Es gibt immer jemanden, der bereit ist, Geld auszugeben

Hier ist, wie du diese Leute findest:

- Beobachte die Eigenschaften deiner besten Kunden.
- Erstelle eine Liste dieser Kunden und suche nach Mustern oder Trends.
- Überlege, mit wem von ihnen du in den Urlaub oder zu einer Konferenz fahren würdest.

Ich bin überzeugt, dass, wenn du hart arbeitest, um ein Geschäft aufzubauen, es besser ist, es mit Leuten zu tun, mit denen du dich wohlfühlst. Wenn du Geld mit Menschen verdienen kannst, die du magst, hast du deine Nische gefunden.

Das Kunden-Avatar

Bevor du anfängst zu kommunizieren, ist es essenziell, ein perfektes Kunden-Avatar zu haben. Das Avatar umfasst: Alter, Geschlecht, Beruf, Beziehungsstatus, sexuelle Orientierung, Standort, Bildungsgrad, technologische und kulturelle Kenntnisse, Gehalt, Gewohnheiten, Interessen usw.

Ich ziele zum Beispiel auf Unternehmer ab. Ich weiß, dass meine besten Kunden seit 3 Jahren bei uns sind und durch Mundpropaganda und Empfehlungen gekommen sind. Eine weitere Eigenschaft ist ihre Bereitschaft zu handeln, ihre schnelle Ausführung und ihre Neigung, viel zu fliegen.

Je mehr du weißt, desto besser:

- Nutzen sie das Smartphone oder den PC?
- Welche sozialen Medien verwenden sie?
- Sind sie Hausbesitzer?
- Kaufen sie online ein?

Gib den Leuten, was sie wollen

Wie findest du heraus, was sie wollen? Ganz einfach: Gehe zur Facebook-Werbebibliothek (www.facebook.com/ads/library) und gib den Namen eines Unternehmens ein. Dort findest du alle ihre vergangenen und aktuellen Kampagnen.

Untersuche mindestens 10 Konkurrenten in deiner Nische, sieh dir ihre Werbungen an und studiere ihre Landing Pages, Angebote und Lead-Magneten. Kaufe einige davon und analysiere ihren Funnel.

Es müssen nicht unbedingt direkte Konkurrenten sein, solange sie denselben Markt bedienen.

Befrage deine besten Kunden

Manchmal genügen einfache Fragen wie:

- Was ist deine größte Sorge in Bezug auf Thema XYZ?

- Wenn du eine Sache in deinem Sektor ändern könntest, welche wäre das?
- Wenn du einen Zauberstab hättest, welche Frustration würdest du beseitigen?

Die Antworten auf diese Fragen können dir wertvolle Erkenntnisse liefern:

- Daten über Gewohnheiten, Hobbys und Bedürfnisse deiner Zielgruppe;
- Berichte, die du nutzen kannst, um dich als Experte zu vermarkten, indem du teilst, was du herausgefunden hast;
- Sehr effektive Ideen für Headlines und Copy im Allgemeinen, weil sie den mentalen Dialog des Kunden ansprechen.

Finde einen Weg, deine Kunden zur Teilnahme zu motivieren. Wir haben kürzlich dieses Angebot gemacht: ein Video-Training im Wert von 997 $. Auch wenn es mich nichts kostete, hatte es für den Kunden einen hohen Wert und funktionierte daher. Die Wahrnehmung des Wertes ist entscheidend.

No BS Takeaways

- Definiere deine Nische: Wer ist dein idealer Kunde und warum ist das, was du verkaufst, für ihn wichtig?
- Es ist besser, 500 begeisterte Fans zu haben als 10.000 lauwarme Follower.

- Überprüfe die Insights der Facebook-Zielgruppe, um zu erfahren, wie dein Publikum zusammengesetzt ist.
- Rate nicht im Marketing, besonders wenn du bereits Antworten zur Hand hast.

Kapitel 6

Wie man einen Lead Magnet erstellt

Von Kim Walsh Phillips

Angenommen, du möchtest einen Leitfaden anbieten, wie man Facebook nutzt: Natürlich könntest du nicht alle möglichen Schritte zur Erstellung einer Kampagne aufnehmen, aus zwei Gründen:

1. Es gäbe keinen Grund mehr für die Kunden, deine kostenpflichtigen Dienstleistungen zu kaufen;
2. Sie wären mit Informationen überflutet und wüssten nicht, was sie damit anfangen sollen.

Der Leitfaden sollte sich auf einen klar definierten und spezifischen Aspekt konzentrieren, um wertvolle Informationen anzubieten, die ohne großen Aufwand konsumiert werden können.

Viele glauben, dass es richtig ist, alles zu sagen, aber tatsächlich erschaffst du so einen Nachteil, weil die Leute nicht motiviert sein werden, weiterzumachen. Der Grund ist einfach: Menschen wollen einfache Antworten, weil diese Dopamin erzeugen, was uns ein gutes Gefühl gibt und uns motiviert, weiterzumachen. Es ist eine echte Belohnung.

Du musst einen schrittweisen Pfad erstellen, der den Kunden dazu motiviert, mehr wissen zu wollen.

Das Ziel des Lead Magnet ist es, das Interesse zu wecken und einen kalten Prospect in einen „Kunden" zu verwandeln, durch eine „Transaktion", auch wenn sie kostenlos ist, indem du etwas anbietest, wofür sie bereit gewesen wären zu bezahlen.

Sobald du deinen Lead Magnet gewählt hast, platziere den Link in jedem deiner Social-Media-Profile. Auf diese Weise wissen alle genau, welcher nächste Schritt zu unternehmen ist.

No BS Takeaways

- Begnüge dich nicht damit, nur nach der E-Mail-Adresse zu fragen. Biete im Gegenzug etwas Wertvolles an;
- Deine Aufgabe ist es, den Prospect zum Handeln zu bewegen;
- Menschen lieben sofortige Belohnung;
- Mache dein Marketing unterhaltsam und ansprechend, um die Leute zur Teilnahme zu motivieren;
- Stelle sicher, dass dein Copy und deine Bilder eine spezifische Zielgruppe ansprechen. Sei nicht zu allgemein.

Kapitel 7

Facebook Ads

Ich teste gerne mindestens zwei verschiedene Copy-Varianten: eine kurze und eine lange. Hier ist das Template, das ich jedes Mal verwende:

1. Stelle eine Frage an dein Zielpublikum: „Möchtest du einen neuen Weg entdecken, um schnell Kunden für dein Beratungsunternehmen zu gewinnen?"

2. Biete eine Lösung an: „Melde dich zu meinem kostenlosen Kurs an und lerne das System 'Mehr Kunden Jetzt!'"

3. Call to Action: „Klicke hier, um dich anzumelden"

Dann testen wir eine lange Version, die eine Geschichte erzählt:

1. Beginne mit einer schwierigen Situation, in der du dich befunden hast (Schwierigkeiten, Kunden zu gewinnen);

2. Teile die Hoffnungen, die du damals hattest, und die mit den Schmerzpunkten des Kunden übereinstimmen (ich brauchte ein

automatisches System zur Kundengewinnung);

3. Der Moment, in dem sich alles änderte, die Lösung (das System, das du gefunden hast);

4. Teile die Ergebnisse, die du mit diesem System erzielt hast;

5. Call to Action (melde dich zu meinem Kurs an, in dem ich dir zeige, wie es geht).

No BS Takeaways

- Kampagnen zur Interaktionsgenerierung können sinnvoll sein, wenn sie verwendet werden, um qualifizierte Leads anzuziehen.

- Teste immer mindestens zwei verschiedene Copy-Varianten, eine lange und eine kurze.

- Teste verschiedene Bilder in deinen Posts, um herauszufinden, welche am besten funktionieren (persönliche, Stock-Fotos, Grafiken). Wenn möglich, füge etwas Rot hinzu, um die Aufmerksamkeit zu erregen.

- Wärme die Zielgruppe auf und baue eine Beziehung auf, bevor du sie bittest, eine Handlung auszuführen.

Kapitel 8

LinkedIn

Ich bin Josh Turner und heute möchte ich dir erzählen, warum jedes Unternehmen von einem Tag auf den anderen scheitern kann, wenn es keine zuverlässige Quelle für neue Kunden hat. Selbst Unternehmen mit jährlichen Einnahmen im acht- bis neunstelligen Bereich.

Als ich 21 Jahre alt war, hatte mein Vater ein Bauunternehmen, das sich auf Renovierungen spezialisiert hatte. Es lief gut, er war immer am Arbeiten, und in wenigen Jahren stiegen unsere Einnahmen von 5 auf 23 Millionen.

In guten Zeiten hatten wir viel zu tun, aber unsere Verkäufer waren nur damit beschäftigt, die aktuellen Kunden zu betreuen oder um Empfehlungen zu bitten. Wir hatten kein System zur Gewinnung neuer Kunden, und das wurde uns 2008 zum Verhängnis, als der Markt wettbewerbsfähiger wurde und wir nicht wussten, wen wir anrufen sollten.

Unsere Kunden liebten uns und der Service war ausgezeichnet, doch das reichte nicht aus, und wir mussten im folgenden Jahr schließen.

Dies soll dir zeigen, dass du die Akquise neuer Interessenten niemals vernachlässigen darfst. Merke dir diesen Satz gut:

Mehr Termine = Mehr Verkäufe

Das Ideal wäre, den Kontakt zu den Personen zu suchen, mit denen du Geschäfte machen möchtest, ohne sofort etwas verkaufen zu wollen. Versuche zunächst, eine Beziehung aufzubauen, indem du sie besser kennenlernst und dich selbst bekannter machst, indem du Inhalte veröffentlichst, die dich als Autorität in deinem Bereich positionieren. Hier ist, wie du das machst:

- Aktualisiere immer deine Informationen und veröffentliche regelmäßig Inhalte. Die Menschen werden sich leichter an dich erinnern, wenn sie dich brauchen.

- Sende gelegentlich private Nachrichten mit nützlichen Informationen, Fallstudien, Berichten usw.

- Jetzt, da sie dich kennen und dir vertrauen, schlage ein Telefonat vor. Wenn du deine Arbeit gut gemacht hast, solltest du eine Antwortquote von 20-30 % haben. An diesem Punkt kannst du sie in deinen Follow-up-Funnel aufnehmen.

No BS Takeaways

- Aktualisiere dein Profil mit den Informationen, die notwendig sind, um deine idealen Kunden anzuziehen.

- Wenn du gemeinsame Verbindungen oder Bekannte mit deinem Interessenten hast, erwähne dies. Es wird dir das Leben erleichtern.

- Die Wahrheit ist, dass alle Unternehmen Schwierigkeiten haben. Amazon, Apple und Facebook sind nicht an die Spitze gekommen, ohne ihre eigenen Herausforderungen zu meistern.

- Du brauchst einen Prozess, der einen stetigen Fluss neuer Kunden generiert. Du kannst dich nicht nur auf Empfehlungen und Mundpropaganda verlassen.

Kapitel 9
Email marketing

Effektive Emails schreiben

Von Kim Walsh Phillips

Es gibt zwei Arten von Personen in deinem Posteingang: die Nervensägen und diejenigen, die immer etwas Interessantes zu sagen haben. In welche Kategorie fallen deine Emails?

Ich kommuniziere seit Jahren regelmäßig mit meiner Email-Liste, und meine Kunden wissen, dass ich immer etwas Wertvolles zu teilen habe und es gerne tue.

Ich bin überzeugt, dass man jeden Tag eine Email senden sollte. Nur so kannst du eine dauerhafte Beziehung aufbauen. Ich weiß, das klingt nach viel, aber wenn du dich daran gewöhnst, wird es normal, alles, was dir tagsüber passiert, in eine Email zu verwandeln.

Mein bevorzugtes Format für Emails:

1. Betreffzeile, die Neugier weckt;
2. Personalisierte Begrüßung mit dem Namen;

3. Erzählung eines Erlebnisses;
4. Verknüpfung mit einer Business-Lektion;
5. Verbindung zu einem Programm/Event/Service, das ich anbiete oder bald anbieten werde;
6. P.S. mit einer Call to Action zu meinem Service oder Produkt

No BS Takeaways

- Nutze den Betreff nicht zur Selbstpromotion, sondern sorge dafür, dass der Prospect die Email öffnen möchte, um mehr zu lesen. Sie muss unterhalten und neugierig machen.

- Füge eine klare Call to Action in deine Emails ein. Die Menschen sind zu beschäftigt, um herauszufinden, was du von ihnen willst.

- Schreibe jede Email, als wäre sie eine persönliche Kommunikation, und fokussiere dich auf den Leser.

- Nimm nichts als selbstverständlich hin, teste alles in kleinen Mengen, bevor du eine große Kampagne startest.

Kapitel 10

Was posten

Von Kim Walsh Phillips

Beobachte zunächst, was in deiner Nische gut ankommt. Hier sind einige Hinweise basierend auf meinen eigenen Erfahrungen:

- Verwende niemals Stockfotos, die wie Stockfotos aussehen.
- Nutze echte Fotos von dir und/oder deinen Mitarbeitern.
- Verwende Fotos von deinem Schreibtisch (klassischer Kaffee und Computer).
- Stelle Fragen an dein Publikum.
- Verwende Sätze mit ausfüllbaren Wörtern in den Kommentaren.
- Poste ein lustiges oder ungewöhnliches Foto und bitte die Leute, ihre eigene Bildunterschrift in den Kommentaren zu schreiben (verbunden mit einem Wettbewerb, um die besten Beiträge zu belohnen).
- Mache Quizze.

Egal, was du entscheidest zu posten, bereite deine Beiträge im Voraus vor und plane sie so, dass jeden Tag ein Beitrag veröffentlicht wird. Je konstanter du bist, desto besser für dein Geschäft, deine Anhängerschaft und deine Verkäufe.

No BS Takeaways

- Je mehr Kommentare, Likes und Shares du erhältst, desto mehr wird dein Beitrag anderen angezeigt;

- Poste basierend darauf, was funktioniert, nicht basierend auf Inspiration;

- Erstelle immer deine Beiträge im Voraus.

Kapitel 11

Ist das große Geheimnis der sozialen Medien offline?

Die Kosten des fehlenden Follow-ups

Von Dan Kennedy

Man hört täglich von der angeblichen „Abschaffung" eines neuen Mediums, insbesondere von der sogenannten „Abschaffung des Papiers". Ich möchte diesen Mythos mit einigen realen Beispielen entkräften.

Es gibt einen Marketer, der mit Zeitungsanzeigen 8-11 Dollar für jeden investierten Dollar verdient.

Schauen wir uns auch die gedruckten Newsletter an: Mein Geschäft wurde so aufgebaut und wird weiterhin von Kunden genährt, die den Newsletter lesen und oft meine besten Kunden sind.

Ein weiteres Beispiel ist Annette Fisher, die Gründerin eines Tierheims (Happy Trails Farm Animal Sanctuary), mit der wir einen gedruckten Newsletter erstellt haben, der hervorragend funktioniert.

Dann gibt es Shaun Buck, der mit seinen Newslettern für Zahnärzte und Kieferorthopäden großen Erfolg hat (NewsletterPro.com).

Warum also drucken all diese Leute weiterhin Papier, obwohl es heutzutage so einfach ist, „kostenlos" online zu kommunizieren?

Weil Papier positive Effekte bietet, die online nicht repliziert werden können.

Erstens schätzen Kunden, dass du Geld ausgibst, um mit ihnen zu kommunizieren, indem du Informationen und Unterhaltung bietest, was Reziprozität auslöst (Prinzip aus dem Buch von Robert Cialdini).

Zweitens geben Kunden gedruckten Materialien mehr Wert und Autorität und lesen lieber auf Papier als online.

Schließlich hat gedrucktes Material eine viel längere Lebensdauer. Oft erhalte ich Kunden dank Newslettern, die Monate alt sind. Wie viele Leute lesen alte Blogartikel oder alte Social-Media-Posts? Ich sage dir, niemand.

Natürlich funktioniert nichts davon, wenn du langweilig bist. Schauen wir uns an, welche Eigenschaften einen guten Newsletter ausmachen:

- Geschichten von menschlichem Interesse: Erzähle von dem, was dir und deinen Kunden passiert, von Nachrichten und berühmten Persönlichkeiten, die in irgendeiner Weise mit deinen Produkten oder Dienstleistungen in

Verbindung stehen.

- Neue, ungewöhnliche und faszinierende Informationen: Auf diese Weise entsteht Mundpropaganda. Ein Freund von mir behandelt zum Beispiel Themen wie „Lebensmittel, die man im Flugzeug niemals essen sollte" und „Was die Pharmaunternehmen dir nicht über Krebs erzählen wollen".

- Meinungen: Wenn du eine persönliche Beziehung zu deinen Kunden aufbauen möchtest, musst du deine Ideen, deine Vision und deine Arbeits- und Lebensphilosophie teilen. Nur so kannst du Menschen begeistern, die wie du denken.

- Nützliche Tipps: Wie man starke Kopfschmerzen lindert (medizinisch), wie man Haustierflecken aus Teppichen entfernt (Tierladen oder spezialisierte Reinigung) usw.

Du solltest auch begrenzte und direkte Promotionen, die Einführung neuer Dienstleistungen oder Produkte und Lead-Generierung mit spezifischen Angeboten einbeziehen.

Natürlich kannst du auch die sozialen Medien und deine Website nutzen, um Hype zu erzeugen und deinen gedruckten Newsletter zu bewerben, vielleicht auch mit Wettbewerben.

Wenn dich diese Beispiele noch nicht überzeugt haben, lies diese Daten, und du wirst verstehen, warum es noch wichtiger ist, einen gedruckten Newsletter (oder irgendeine Form des Follow-ups) zu haben:

- Nur 18% der Interessenten sind sofort kaufbereit;
- 82% der Interessenten brauchen mehr als 3 Monate, um eine Kaufentscheidung zu treffen;
- 61% brauchen mehr als ein Jahr, um eine Kaufentscheidung zu treffen;
- Nur 44% der Verkäufer machen nach einem Treffen Follow-up.

Das Ziel des ersten Verkaufs sollte immer sein, eine langfristige Beziehung aufzubauen und neue Kunden in wiederkehrende und treue Kunden zu verwandeln. Daher solltest du jedes verfügbare Mittel nutzen, um eine Beziehung aufzubauen, denn Kunden arbeiten gerne mit Menschen zusammen, die sie kennen und schätzen.

Ein paar weitere Daten:

- Eine Erhöhung der Kundenbindung um 5 % kann die Gewinne um 25 % bis 125 % steigern;
- Die Wahrscheinlichkeit, an einen bestehenden Kunden zu verkaufen, liegt bei 60 % bis 70 %, während sie bei einem neuen Kunden bei 5 % bis 20 % liegt;
- Unternehmen, die der Kundenerfahrung Priorität einräumen, erzielen 60 % mehr Gewinn als ihre Mitbewerber.

No BS Takeaways

- Kunden, die den gedruckten Newsletter lesen, sind loyaler und geben mehr aus;

- Ein guter Newsletter baut eine Beziehung auf, besonders wenn du deine Persönlichkeit einbringst;

- Der Hauptgrund, warum Leads nicht zu Kunden werden, ist fehlendes Follow-up;

- Das Ziel des ersten Verkaufs ist es, einen wiederkehrenden Kunden zu schaffen;

- Die Kommunikation, die du versendest, sollte sich nicht um das drehen, was dich interessiert (technische Informationen zu Produkten und Dienstleistungen), sondern um das, was deine Kunden interessiert (Geschichten, Nachrichten usw.).

Kapitel 12

Den großen Coup landen

Call to Actions, die funktionieren

Von Dan Kennedy

Oft haben Unternehmen, die Schwierigkeiten beim Wachstum haben, ein gutes Produkt, eine gute Lage und eine gute Preis- und Margenpolitik. Ihr größtes Manko liegt im Verkauf – eine Kunst, die von den meisten Menschen vernachlässigt und abgelehnt wird. Viele von uns ziehen es vor, eine E-Mail zu senden, anstatt sich persönlich zu treffen, oder wollen Verkäufer durch Bildschirme ersetzen, weil sie gehört haben, dass Kunden dies bevorzugen. Kunden haben jedoch nicht immer recht... warum solltest du einen Ansatz eliminieren, der besser funktioniert als jeder andere, um den Umsatz zu steigern?

Du kannst es dir nicht leisten, Menschen nur zum Anschauen in dein Geschäft zu lassen, um dann ohne Kontakt zu einem Verkäufer oder einem Verkaufsschreiben zu gehen oder zumindest ihre Daten für das Follow-up aufzunehmen.

Denke also genau darüber nach, wer dein idealer

Kunde ist, wo du ihn findest und was er wirklich will, was nur du ihm bieten kannst. Finde auch den richtigen Preis, den er sich leisten kann. Nur so kannst du ein gutes System zur Lead-Generierung aufbauen.

Dein Lead Magnet sollte klar ausdrücken, was dich unterscheidet und die Call to Action unterstützen (die immer im Lead Magnet enthalten sein muss). Dies wird den Interessenten dazu bringen, zu handeln, weil er überzeugt ist, dass er den gewünschten Vorteil nur durch dein Produkt oder deine Dienstleistung erhalten kann.

Verkaufen über soziale Medien

Von Kim Walsh Phillips

Viele Unternehmen bleiben auf sozialen Medien bei Likes und Interaktionen hängen, weil sie die Verbindung und Unterstützung mögen. Schade, dass Interaktionen keine Rechnungen bezahlen.

Deshalb ist es wichtig, den Verkaufsprozess zu definieren, bevor du Inhalte veröffentlichst, sonst riskierst du, Inhalte nur für Likes zu erstellen.

Ein Beispiel für jemanden, der es richtig gemacht hat, ist das asiatische Restaurant PF Chang's, das eine Promotion zu seinem Jubiläum erstellt hat. Alle Facebook-Follower erhielten einen Gutschein für ein kostenloses Wrap beim Kauf eines Vorspeisen. Neben der Erhöhung der Followerzahl war der wahre Erfolg, 50.000 Menschen durch den Gutschein ins Restaurant zu bringen, von denen 40 % neue Kunden waren.

Verschiedene Wege, einen Lead in einen Kunden zu verwandeln

- Folge-E-Mail-Sequenz mit Call to Action: Beantworten von Zweifeln und Einwänden und Aufbau einer Beziehung.

- Follow-up-Veranstaltung: Wenn nach dem Ansehen deines kostenlosen Kurses die Leute nicht kaufen, plane ein Webinar oder eine Live-Veranstaltung, um die Leute einzuladen, die das Video gesehen haben, aber nicht gekauft haben.

- Druckkampagnen: Auch wenn ein Kunde dich online gefunden hat, bedeutet das nicht, dass das Gespräch online bleiben muss.

- Retargeting: Erstelle spezifische Werbebotschaften für diejenigen, die dir folgen, aber noch nicht gekauft haben.

- Follow-up-Anruf: Mit Abstand das effektivste Mittel.

Dein Ziel sollte es sein, so viel wie möglich auszugeben, um qualitativ hochwertige Kunden zu gewinnen und diese über viele Monate oder Jahre zu halten. Wer am meisten ausgeben kann, um Kunden zu gewinnen, gewinnt.

Monetarisiere deine Nachrichten

Von Kim Walsh Phillips

Hier sind Strategien, die auch mit einer kleinen Kundenliste und wenig Budget funktionieren, um:

- Die Anzahl der Listenabonnenten zu erhöhen;
- Dein Publikum zu monetarisieren;
- Erfolg mit wiederholbaren Aktionen zu skalieren.

Die Möglichkeiten, die wir sehen werden, sind vielfältig, aber lassen Sie sich nicht abschrecken, Sie müssen nicht alle nutzen, wählen Sie einfach ein paar aus.

Jetzt möchte ich, dass Sie auf ein Blatt Papier schreiben, wie viel mehr Geld Sie pro Monat verdienen möchten. Wählen Sie daher die Strategien aus, die Ihnen am besten geeignet erscheinen, um diese Ziele zu erreichen. Hier sind Möglichkeiten zur Monetarisierung:

1. **Amazon Influencer Program:** Wenn du bereits eine Liste von mindestens 1000 Kunden hast, kannst du einen eigenen Shop erstellen und regelmäßig spezielle Promotionen erhalten. Verdienst: 100 bis 1000 $ pro Monat.

2. **Dein Blog:** Monetarisiere ihn durch Werbung, Affiliate-Links, gesponserte Artikel. Verdienst: 100 bis 50.000 $ pro Monat.

3. **Podcast:** Kostet wenig zu produzieren und

ermöglicht es den Menschen, Informationen nebenbei zu konsumieren. Verdienst: 3000 $ pro Monat.

4. **Bezahlter Newsletter oder Magazin:** Neben dem Abonnement kannst du durch Werbung und das Sponsoring deiner Dienstleistungen/Produkte verdienen. Verdienst: 100 bis 1000 $.

5. **Erstelle ein Produkt:** Finde heraus, was deine Zielgruppe braucht. Du kannst Print-on-Demand und Dropshipping nutzen. Verdienst: 500 bis 10.000 $.

6. **Nutze die Audience anderer:** Interviewe Influencer und lass sie dein Produkt bewerben. Verdienst: 500 bis 2000 $.

7. **Live- oder Online-Veranstaltungen:** Veranstalte Events und verkaufe die Aufzeichnungen. Verdienst: 1000 bis 20.000 $.

8. **Experteninterviews:** Verkaufe diese als Kurse oder Boni. Verdienst: 1000 bis 10.000 $.

9. **Gesponserte Instagram-Posts:** Verdienst: 50 bis 500 $ pro Post.

10. **Facebook Live mit Affiliate-Links.**

11. **YouTube-Werbung:** Verdienst: 1000 bis 5000 $ pro Monat.

12. **Exklusives Boutique-Event:** Lade eine kleine Gruppe ein. Verdienst: 2500 bis 5000 $

pro Person.

13. **Mastermind-Gruppen:** Verdienst: 10.000 bis 100.000 $.

14. **Großveranstaltungen:** Vermeide diese, wenn du keine große Audience hast, da sie teuer sind.

15. **VIP-Coaching-Tage:** Versprich ein spezifisches Ergebnis am Ende des Tages. Verdienst: 2500 bis 18.000 $ pro Tag.

16. **Online-Workshops:** Interaktiver als Webinare. Verdienst: 1000 bis 5000 $.

17. **Kindle-Bücher:** Verdienst: 10 bis 500 $ pro Tag.

18. **Buchveröffentlichungsverträge:** Verdienst: abhängig von den Verkaufszahlen.

19. **Affiliate-Programme:** Verdienst: 2000 bis 50.000 $ pro Monat.

20. **Verkauf deiner Erfolgsgeheimnisse:** Verdienst: 3000 bis 30.000 $.

21. **Erstelle ein Bonusgeschenk:** Verdienst: abhängig von der Subscription-Rate.

22. **Erstelle einen Kurs.**

23. **Webinar veranstalten.**

Vom Funnel zu regelmäßigen Einnahmen

Von Dan Kennedy

Es ist eine Sache, Menschen online mit deinen Interessen anzuziehen, eine andere, sie zum Kauf zu bewegen. Wenn du 100.000 Follower hast, die deine kostenlosen Inhalte lieben, heißt das nicht, dass sie kaufen werden. Die beste Strategie, um Überraschungen zu vermeiden, besteht darin, einen Weg zu schaffen, der echte Kunden von allen anderen trennt. So geht's:

- Lass nicht alle zusammen frei herumwandern.

- Verwöhne die Follower nicht mit langen, kostenlosen Inhalten ohne klare Handlungsaufforderung.

- Segmentiere deine Liste nach Interessen.

- Öffne die Türen für diejenigen, die bereit sind zu kaufen.

- Strukturierte Pfade/Funnels führen zu einer Kaufentscheidung.

- Konzentriere dich auf die Meinungen der Kunden, nicht auf die Kritiken derjenigen, die nicht kaufen wollen.

No BS Takeaways

- Der häufigste Fehler von Unternehmern ist das Schließen der Verkäufe;

- Versuche nicht, alle potenziellen Interessenten zu gewinnen – das ist Zeitverschwendung;

- Verlasse dich nicht auf Hoffnung und Networking, um Kunden zu gewinnen;

- Likes bezahlen keine Rechnungen;

- Verkaufe anfangs etwas anderes, wenn es sinnvoll ist;

- Ein Interessent ist ohne Konversion wertlos;

- Wer mehr Geld für die Kundengewinnung ausgeben kann, gewinnt.

Kapitel 13

Optimierung schafft Transformation

Von Kim Walsh Phillips

Die Bedeutung von Tests

Der einzige Weg, um zu vermeiden, Geld zufällig auszugeben, besteht darin, zu testen, was funktioniert. Eine Sache, die ich gelernt habe, ist, dass das, was du denkst, funktionieren wird, oft nicht funktioniert. Tests von Anzeigen auf sozialen Medien sind wirklich einfach, da man nur einen Zeitraum festlegen und sehen muss, welche Anzeige besser abschneidet.

Mein Motto lautet: klein testen und dann groß starten.

Best Practices in der Testphase:

- Verfolge die Konversionen, nicht die Klicks.
- Teste immer nur eine Sache (Überschrift, Bild...), um die Ergebnisse nicht zu verfälschen.
- Beginne mit dem Testen der Zielgruppe und wähle die beste aus.

- Nachdem du das am besten performende Bild gefunden hast, ändere die Hintergrundfarbe und sieh, ob es besser oder schlechter funktioniert.
- Teste dann verschiedene Formulierungen innerhalb des Bildes (z. B. "Klicke hier" vs. "Jetzt herunterladen").
- Probiere Anzeigen mit und ohne Button und sieh, was besser funktioniert.

Wenn alles optimiert ist, gehe zur Landing Page über.

Checkliste für zu testende Elemente:

- Bilder
- Überschriften
- Text
- Zielgruppe
- Opt-in-Formulare
- Text unter dem Bild
- Tage und Zeiten
- Tägliches Budget
- Anzeigenplatzierung

No BS Takeaways

- Auf sozialen Medien kannst du innerhalb weniger Tage wissen, welche Kampagne besser abschneiden wird.

- Wenn du dich nur auf deine Vermutungen verlässt, wirst du 9 von 10 Mal falsch liegen.
- Testen ist der einzige Weg, um kein Geld zu verschwenden.
- Verfolge die Konversionen, nicht die Klicks.
- Ruhe dich nicht auf deinen Lorbeeren aus, der Status quo führt niemals zu außergewöhnlichen Ergebnissen.

Kapitel 14

Wie man die Kundenliste vergrößert

Von Kim Walsh Phillips

Fünf Möglichkeiten, deine Liste ohne Werbekosten zu erweitern:

1. Erstelle einen Lead Magnet zusammen mit anderen Experten deines Fachgebiets und sammle dort alle Ratschläge.
2. Platziere den Link zu deinem Lead Magnet überall (soziale Profile, Posts, Videos...).
3. Starte ein Quiz auf sozialen Medien. Frage: „Wenn du einen Zauberstab hättest, was würdest du in Bezug auf (Schmerzpunkt/Branche) ändern?"
4. Lass dich von anderen Blogs, Podcasts, Lives usw. hosten und bewerbe deinen Lead Magnet.
5. Mache jede Woche eine Live-Session, wähle einen Tag und eine Uhrzeit und bleibe konstant.

Hype für einen Launch in 3 Tagen erzeugen

Dies ist die Strategie, die wir verwendet haben, um meinen Podcast mit großem Erfolg zu starten. So haben wir es gemacht:

1. Ankündigung: Wir haben eine Live-Session auf Facebook geplant und angekündigt, dass wir eine große Neuigkeit verkünden würden.

2. Soziale Medien: Wir haben verschiedene Posts mit dem Link zur Registrierung für die Live-Session veröffentlicht.

3. Vorab-Promotion: Wir haben Freunde und Familie gebeten, die Episode herunterzuladen und eine Bewertung zu hinterlassen, um vor dem Launch Social Proof zu schaffen.

4. Tag des Launches: Wir haben eine E-Mail an die Liste gesendet und Posts veröffentlicht, um an die Teilnahme an der Live-Session zu erinnern.

5. Wir sind live! E-Mail-Benachrichtigung, wenn die Live-Session beginnt.

6. Plaudern: Nimm dir ein paar Minuten Zeit, um zu warten, bis alle die Benachrichtigungen sehen, und unterhalte dich in der Zwischenzeit mit einigen Fragen an die Follower. Wir hatten auch ein Gewinnspiel für diejenigen, die sich registrierten und eine Bewertung hinterließen.

7. Nach dem Event ankündigen: E-Mails, Chat-Nachrichten und Posts mit dem Link zur

Aufzeichnung für diejenigen, die die Live-Session verpasst haben.

No BS Takeaways

- Nutze jede Gelegenheit, um Leads zu gewinnen (Titelbild, Bio, E-Mail-Signatur, Posts, Artikel usw.).

- Facebook Live ist der Verbündete deines ROI, aber du musst konstant sein.

- Bitte vor jedem Launch Freunde und Familie, Social Proof zu liefern.

- Konzentriere deine Promotion auf einen begrenzten Zeitraum, um die Ergebnisse zu maximieren.

Kapitel 15

Das Problem mit Trends

Von Dan Kennedy

Sich auf den neuesten Trend zu stürzen, kann sehr gefährlich sein. Das ist genau das, was der Pizzeria DiGiorno passiert ist, als sie einen lustigen Post veröffentlichen und dabei einen Hashtag benutzten, der im Trend lag, um auf häusliche Gewalt aufmerksam zu machen. Sie verteidigten sich damit, dass sie die Bedeutung des Hashtags nicht kannten... Ob das stimmt oder nicht, sei dahingestellt, aber achte immer darauf, was du postest.

Soziale Medien sind ein hervorragendes Werkzeug, wenn sie parallel zu anderen Kanälen und Strategien genutzt werden. Sie sollten eine Ergänzung sein, nicht dein einziger Weg, Kunden zu gewinnen. Andernfalls, wenn Facebook dich aus irgendeinem Grund ausschließt, verlierst du alles!

Mache niemals den Fehler, die Werbung oder die Social-Media-Strategie eines anderen Unternehmens zu kopieren, nur weil sie cool aussieht.

Kenne deine Kunden, finde heraus, was ihre Bedürfnisse und Wünsche sind, und erfülle sie.

Kapitel 16

Wie man Inhalte vervielfältigt

Von Kim Walsh Phillips

In diesem Kapitel möchte ich die Formel teilen, die ich verwende, um meine Inhalte zu vervielfältigen.

Tag 1

- Schreibe einen Artikel auf deiner Website.

Tag 2

- Sende eine E-Mail an deine Liste mit dem Link zum Artikel.
- Veröffentliche eine Story mit dem Link.

Tag 3

- Veröffentliche den Link in einem Facebook-Post.
- Mache eine Live-Session zum gleichen Thema

wie der Artikel.

- Veröffentliche einen Instagram-Post zum gleichen Thema wie der Artikel.

Tag 4

- Veröffentliche einen Post auf LinkedIn mit dem Link zum Artikel.
- Tweete den Link.
- Veröffentliche eine Instagram-Story mit dem Link und erwähne die erhaltenen Kommentare.

Anmerkungen

Diese Zusammenfassung von „Direct Response Social Media Marketing" wurde sorgfältig erstellt, um die Prinzipien des Kennedy-Denkens auf Deutsch zu verbreiten. Sie ist Teil der berühmten Buchreihe „No B.S.", die von Dan Kennedy erstellt wurde.

Dan Kennedy ist einer der einflussreichsten und wichtigsten Vertreter des Direct-Response-Marketings und leider sind seine Bücher nur auf Englisch verfügbar.

Obwohl dies eine extrem verkürzte Version ohne die originalen Bilder ist, sind wir überzeugt, dass sie als Sprungbrett für diejenigen dienen kann, die nicht gut Englisch sprechen, aber sein Denken vertiefen und anwenden möchten.

Der Zweck dieser Zusammenfassung ist rein informativ, wir möchten keineswegs das Originalbuch von Dan Kennedy ersetzen.

Das Team von Kompakt Verlag

www.ingramcontent.com/pod-product-compliance
Lightning Source LLC
Chambersburg PA
CBHW071953210526
45479CB00003B/925